Dieses Buch gehört:

· ·

Inhaltsverzeichnis

Inhaltsverzeichnis

Inhaltsverzeichnis

Seite

Inhaltsverzeichnis

Seite

Webseite

_____

Login/Benutzername

_____

Passwort/Pin

_____

Sicherheitsfrage

_____

Notizen

_____

_____

_____

_____

_____

_____

Webseite

_____

Login/Benutzername

_____

Passwort/Pin

_____

Sicherheitsfrage

_____

Notizen

_____

_____

_____

_____

_____

_____

Webseite

_____

Login/Benutzername

_____

Passwort/Pin

_____

Sicherheitsfrage

_____

Notizen

_____

_____

_____

_____

_____

_____

Webseite

_____

Login/Benutzername

_____

Passwort/Pin

_____

Sicherheitsfrage

_____

Notizen

_____

_____

_____

_____

_____

_____

Webseite

_____

Login/Benutzername

_____

Passwort/Pin

_____

Sicherheitsfrage

_____

Notizen

_____

_____

_____

_____

_____

_____

Webseite

_____

Login/Benutzername

_____

Passwort/Pin

_____

Sicherheitsfrage

_____

Notizen

_____
_____
_____
_____
_____
_____

Webseite

_____

Login/Benutzername

_____

Passwort/Pin

_____

Sicherheitsfrage

_____

Notizen

_____

_____

_____

_____

_____

_____

Webseite

_____

Login/Benutzername

_____

Passwort/Pin

_____

Sicherheitsfrage

_____

Notizen

_____

_____

_____

_____

_____

_____

Webseite

_____

Login/Benutzername

_____

Passwort/Pin

_____

Sicherheitsfrage

_____

Notizen

_____

_____

_____

_____

_____

_____

Webseite

_____

Login/Benutzername

_____

Passwort/Pin

_____

Sicherheitsfrage

_____

Notizen

_____

_____

_____

_____

_____

_____

Webseite

_____

Login/Benutzername

_____

Passwort/Pin

_____

Sicherheitsfrage

_____

Notizen

_____

_____

_____

_____

_____

_____

Webseite

_____

Login/Benutzername

_____

Passwort/Pin

_____

Sicherheitsfrage

_____

Notizen

_____

_____

_____

_____

_____

_____

Webseite

_____

Login/Benutzername

_____

Passwort/Pin

_____

Sicherheitsfrage

_____

Notizen

_____

_____

_____

_____

_____

_____

Webseite

_____

Login/Benutzername

_____

Passwort/Pin

_____

Sicherheitsfrage

_____

Notizen

_____

_____

_____

_____

_____

_____

Webseite

_____

Login/Benutzername

_____

Passwort/Pin

_____

Sicherheitsfrage

_____

Notizen

_____

_____

_____

_____

_____

_____

Webseite

_____

Login/Benutzername

_____

Passwort/Pin

_____

Sicherheitsfrage

_____

Notizen

_____

_____

_____

_____

_____

_____

Webseite

_____

Login/Benutzername

_____

Passwort/Pin

_____

Sicherheitsfrage

_____

Notizen

_____

_____

_____

_____

_____

_____

Webseite

_____

Login/Benutzername

_____

Passwort/Pin

_____

Sicherheitsfrage

_____

Notizen

_____

_____

_____

_____

_____

_____

Webseite

_____

Login/Benutzername

_____

Passwort/Pin

_____

Sicherheitsfrage

_____

Notizen

_____

_____

_____

_____

_____

_____

Webseite

_____

Login/Benutzername

_____

Passwort/Pin

_____

Sicherheitsfrage

_____

Notizen

_____

_____

_____

_____

_____

_____

_____

Webseite

_____

Login/Benutzername

_____

Passwort/Pin

_____

Sicherheitsfrage

_____

Notizen

_____

_____

_____

_____

_____

_____

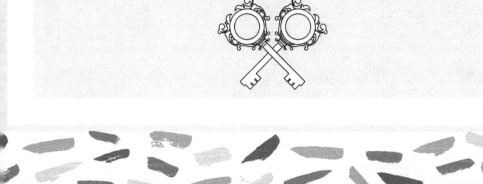

Webseite

_____

Login/Benutzername

_____

Passwort/Pin

_____

Sicherheitsfrage

_____

Notizen

_____

_____

_____

_____

_____

_____

Webseite

_____

Login/Benutzername

_____

Passwort/Pin

_____

Sicherheitsfrage

_____

Notizen

_____

_____

_____

_____

_____

_____

Webseite

_____

Login/Benutzername

_____

Passwort/Pin

_____

Sicherheitsfrage

_____

Notizen

_____

_____

_____

_____

_____

_____

Webseite

_____

Login/Benutzername

_____

Passwort/Pin

_____

Sicherheitsfrage

_____

Notizen

_____

_____

_____

_____

_____

_____

Webseite

_____

Login/Benutzername

_____

Passwort/Pin

_____

Sicherheitsfrage

_____

Notizen

_____

_____

_____

_____

_____

_____

Webseite

_____

Login/Benutzername

_____

Passwort/Pin

_____

Sicherheitsfrage

_____

Notizen

_____

_____

_____

_____

_____

_____

Webseite

_____

Login/Benutzername

_____

Passwort/Pin

_____

Sicherheitsfrage

_____

Notizen

_____

_____

_____

_____

_____

_____

Webseite

_____

Login/Benutzername

_____

Passwort/Pin

_____

Sicherheitsfrage

_____

Notizen

_____

_____

_____

_____

_____

_____

Webseite

_____

Login/Benutzername

_____

Passwort/Pin

_____

Sicherheitsfrage

_____

Notizen

_____

_____

_____

_____

_____

_____

Webseite

_____

Login/Benutzername

_____

Passwort/Pin

_____

Sicherheitsfrage

_____

Notizen

_____

_____

_____

_____

_____

_____

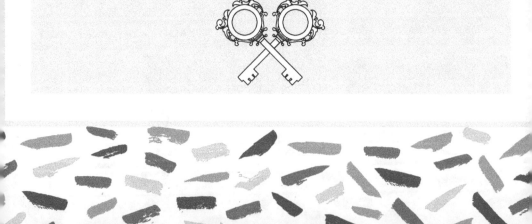

Webseite

_____

Login/Benutzername

_____

Passwort/Pin

_____

Sicherheitsfrage

_____

Notizen

_____

_____

_____

_____

_____

_____

Webseite

_____

Login/Benutzername

_____

Passwort/Pin

_____

Sicherheitsfrage

_____

Notizen

_____

_____

_____

_____

_____

_____

Webseite

_____

Login/Benutzername

_____

Passwort/Pin

_____

Sicherheitsfrage

_____

Notizen

_____

_____

_____

_____

_____

_____

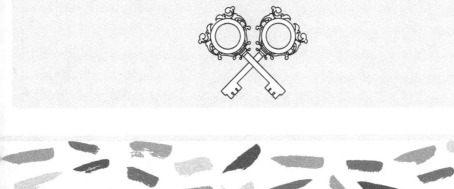

Webseite

_____

Login/Benutzername

_____

Passwort/Pin

_____

Sicherheitsfrage

_____

Notizen

_____

_____

_____

_____

_____

_____

Webseite

_____

Login/Benutzername

_____

Passwort/Pin

_____

Sicherheitsfrage

_____

Notizen

_____

_____

_____

_____

_____

_____

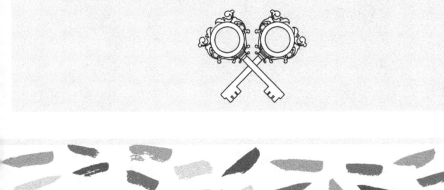

Webseite

_____

Login/Benutzername

_____

Passwort/Pin

_____

Sicherheitsfrage

_____

Notizen

_____

_____

_____

_____

_____

_____

Webseite

_____

Login/Benutzername

_____

Passwort/Pin

_____

Sicherheitsfrage

_____

Notizen

_____

_____

_____

_____

_____

_____

Webseite

_____

Login/Benutzername

_____

Passwort/Pin

_____

Sicherheitsfrage

_____

Notizen

_____

_____

_____

_____

_____

_____

Webseite

_____

Login/Benutzername

_____

Passwort/Pin

_____

Sicherheitsfrage

_____

Notizen

_____

_____

_____

_____

_____

_____

Webseite

_____

Login/Benutzername

_____

Passwort/Pin

_____

Sicherheitsfrage

_____

Notizen

_____

_____

_____

_____

_____

_____

Webseite

_____

Login/Benutzername

_____

Passwort/Pin

_____

Sicherheitsfrage

_____

Notizen

_____

_____

_____

_____

_____

_____

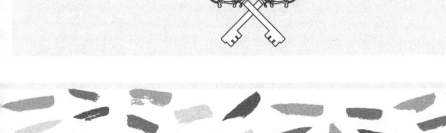

Webseite

_____

Login/Benutzername

_____

Passwort/Pin

_____

Sicherheitsfrage

_____

Notizen

_____

_____

_____

_____

_____

_____

Webseite

_____

Login/Benutzername

_____

Passwort/Pin

_____

Sicherheitsfrage

_____

Notizen

_____

_____

_____

_____

_____

_____

Webseite

_____

Login/Benutzername

_____

Passwort/Pin

_____

Sicherheitsfrage

_____

Notizen

_____

_____

_____

_____

_____

_____

Webseite

_____

Login/Benutzername

_____

Passwort/Pin

_____

Sicherheitsfrage

_____

Notizen

_____

_____

_____

_____

_____

_____

Webseite

_____

Login/Benutzername

_____

Passwort/Pin

_____

Sicherheitsfrage

_____

Notizen

_____

_____

_____

_____

_____

_____

Webseite

_____

Login/Benutzername

_____

Passwort/Pin

_____

Sicherheitsfrage

_____

Notizen

_____

_____

_____

_____

_____

_____

Webseite

_____

Login/Benutzername

_____

Passwort/Pin

_____

Sicherheitsfrage

_____

Notizen

_____

_____

_____

_____

_____

_____

Webseite

_____

Login/Benutzername

_____

Passwort/Pin

_____

Sicherheitsfrage

_____

Notizen

_____

_____

_____

_____

_____

_____

Webseite

_____

Login/Benutzername

_____

Passwort/Pin

_____

Sicherheitsfrage

_____

Notizen

_____

_____

_____

_____

_____

_____

Webseite

_____

Login/Benutzername

_____

Passwort/Pin

_____

Sicherheitsfrage

_____

Notizen

_____

_____

_____

_____

_____

_____

Webseite

_____

Login/Benutzername

_____

Passwort/Pin

_____

Sicherheitsfrage

_____

Notizen

_____

_____

_____

_____

_____

_____

Webseite

_____

Login/Benutzername

_____

Passwort/Pin

_____

Sicherheitsfrage

_____

Notizen

_____

_____

_____

_____

_____

_____

Webseite

_____

Login/Benutzername

_____

Passwort/Pin

_____

Sicherheitsfrage

_____

Notizen

_____

_____

_____

_____

_____

_____

Webseite

_____

Login/Benutzername

_____

Passwort/Pin

_____

Sicherheitsfrage

_____

Notizen

_____

_____

_____

_____

_____

_____

Webseite

_____

Login/Benutzername

_____

Passwort/Pin

_____

Sicherheitsfrage

_____

Notizen

_____

_____

_____

_____

_____

_____

Webseite

_____

Login/Benutzername

_____

Passwort/Pin

_____

Sicherheitsfrage

_____

Notizen

_____

_____

_____

_____

_____

_____

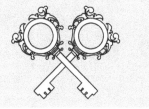

Webseite

_____

Login/Benutzername

_____

Passwort/Pin

_____

Sicherheitsfrage

_____

Notizen

_____

_____

_____

_____

_____

_____

Webseite

_____

Login/Benutzername

_____

Passwort/Pin

_____

Sicherheitsfrage

_____

Notizen

_____

_____

_____

_____

_____

_____

Webseite

_____

Login/Benutzername

_____

Passwort/Pin

_____

Sicherheitsfrage

_____

Notizen

_____

_____

_____

_____

_____

_____

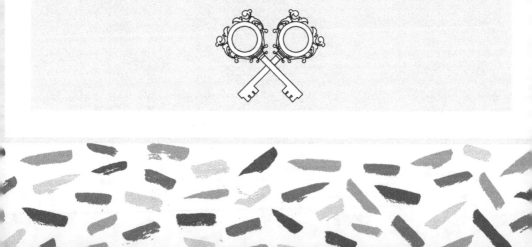

Webseite

_____

Login/Benutzername

_____

Passwort/Pin

_____

Sicherheitsfrage

_____

Notizen

_____

_____

_____

_____

_____

_____

Webseite

_____

Login/Benutzername

_____

Passwort/Pin

_____

Sicherheitsfrage

_____

Notizen

_____

_____

_____

_____

_____

_____

Webseite

_____

Login/Benutzername

_____

Passwort/Pin

_____

Sicherheitsfrage

_____

Notizen

_____

_____

_____

_____

_____

_____

Webseite

_____

Login/Benutzername

_____

Passwort/Pin

_____

Sicherheitsfrage

_____

Notizen

_____

_____

_____

_____

_____

_____

Webseite

_____

Login/Benutzername

_____

Passwort/Pin

_____

Sicherheitsfrage

_____

Notizen

_____

_____

_____

_____

_____

_____

Webseite

_____

Login/Benutzername

_____

Passwort/Pin

_____

Sicherheitsfrage

_____

Notizen

_____

_____

_____

_____

_____

Webseite

_____

Login/Benutzername

_____

Passwort/Pin

_____

Sicherheitsfrage

_____

Notizen

_____

_____

_____

_____

_____

_____

Webseite

_____

Login/Benutzername

_____

Passwort/Pin

_____

Sicherheitsfrage

_____

Notizen

_____

_____

_____

_____

_____

_____

Webseite

_____

Login/Benutzername

_____

Passwort/Pin

_____

Sicherheitsfrage

_____

Notizen

_____

_____

_____

_____

_____

_____

Webseite

_____

Login/Benutzername

_____

Passwort/Pin

_____

Sicherheitsfrage

_____

Notizen

_____

_____

_____

_____

_____

_____

Webseite

_____

Login/Benutzername

_____

Passwort/Pin

_____

Sicherheitsfrage

_____

Notizen

_____

_____

_____

_____

_____

_____

Webseite

_____

Login/Benutzername

_____

Passwort/Pin

_____

Sicherheitsfrage

_____

Notizen

_____

_____

_____

_____

_____

Webseite

_____

Login/Benutzername

_____

Passwort/Pin

_____

Sicherheitsfrage

_____

Notizen

_____

_____

_____

_____

_____

_____

Webseite

_____

Login/Benutzername

_____

Passwort/Pin

_____

Sicherheitsfrage

_____

Notizen

_____

_____

_____

_____

_____

_____

Webseite

_____

Login/Benutzername

_____

Passwort/Pin

_____

Sicherheitsfrage

_____

Notizen

_____

_____

_____

_____

_____

_____

Webseite

_____

Login/Benutzername

_____

Passwort/Pin

_____

Sicherheitsfrage

_____

Notizen

_____

_____

_____

_____

_____

_____

Webseite

_____

Login/Benutzername

_____

Passwort/Pin

_____

Sicherheitsfrage

_____

Notizen

_____

_____

_____

_____

_____

_____

Webseite

_____

Login/Benutzername

_____

Passwort/Pin

_____

Sicherheitsfrage

_____

Notizen

_____

_____

_____

_____

_____

_____

Webseite

_____

Login/Benutzername

_____

Passwort/Pin

_____

Sicherheitsfrage

_____

Notizen

_____

_____

_____

_____

_____

_____

Webseite

_____

Login/Benutzername

_____

Passwort/Pin

_____

Sicherheitsfrage

_____

Notizen

_____
_____
_____
_____
_____
_____

Webseite

_____

Login/Benutzername

_____

Passwort/Pin

_____

Sicherheitsfrage

_____

Notizen

_____

_____

_____

_____

_____

_____

Webseite

_____

Login/Benutzername

_____

Passwort/Pin

_____

Sicherheitsfrage

_____

Notizen

_____

_____

_____

_____

_____

_____

Webseite

_____

Login/Benutzername

_____

Passwort/Pin

_____

Sicherheitsfrage

_____

Notizen

_____

_____

_____

_____

_____

_____

Webseite

_____

Login/Benutzername

_____

Passwort/Pin

_____

Sicherheitsfrage

_____

Notizen

_____

_____

_____

_____

_____

_____

Webseite

_____

Login/Benutzername

_____

Passwort/Pin

_____

Sicherheitsfrage

_____

Notizen

_____

_____

_____

_____

_____

_____

Webseite

_____

Login/Benutzername

_____

Passwort/Pin

_____

Sicherheitsfrage

_____

Notizen

_____

_____

_____

_____

_____

_____

Webseite

_____

Login/Benutzername

_____

Passwort/Pin

_____

Sicherheitsfrage

_____

Notizen

_____

_____

_____

_____

_____

_____

Webseite

_____

Login/Benutzername

_____

Passwort/Pin

_____

Sicherheitsfrage

_____

Notizen

_____

_____

_____

_____

_____

_____

Webseite

_____

Login/Benutzername

_____

Passwort/Pin

_____

Sicherheitsfrage

_____

Notizen

_____

_____

_____

_____

_____

_____

Webseite

_____

Login/Benutzername

_____

Passwort/Pin

_____

Sicherheitsfrage

_____

Notizen

_____

_____

_____

_____

_____

_____

Webseite

_____

Login/Benutzername

_____

Passwort/Pin

_____

Sicherheitsfrage

_____

Notizen

_____

_____

_____

_____

_____

_____

Webseite

_____

Login/Benutzername

_____

Passwort/Pin

_____

Sicherheitsfrage

_____

Notizen

_____

_____

_____

_____

_____

_____

Webseite

_____

Login/Benutzername

_____

Passwort/Pin

_____

Sicherheitsfrage

_____

Notizen

_____

_____

_____

_____

_____

_____

Webseite

_____

Login/Benutzername

_____

Passwort/Pin

_____

Sicherheitsfrage

_____

Notizen

_____

_____

_____

_____

_____

_____

Webseite

_____

Login/Benutzername

_____

Passwort/Pin

_____

Sicherheitsfrage

_____

Notizen

_____

_____

_____

_____

_____

_____

Webseite

_____

Login/Benutzername

_____

Passwort/Pin

_____

Sicherheitsfrage

_____

Notizen

_____

_____

_____

_____

_____

_____

Webseite

_____

Login/Benutzername

_____

Passwort/Pin

_____

Sicherheitsfrage

_____

Notizen

_____

_____

_____

_____

_____

_____

Webseite

_____

Login/Benutzername

_____

Passwort/Pin

_____

Sicherheitsfrage

_____

Notizen

_____

_____

_____

_____

_____

_____

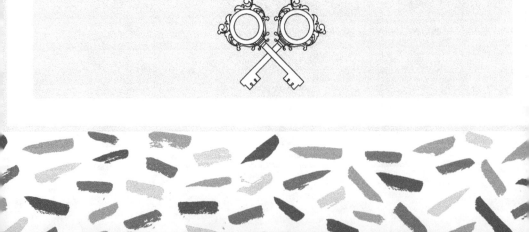

Webseite

_____

Login/Benutzername

_____

Passwort/Pin

_____

Sicherheitsfrage

_____

Notizen

_____

_____

_____

_____

_____

_____

www.ingramcontent.com/pod-product-compliance
Lightning Source LLC
Chambersburg PA
CBHW031225050326
40689CB00009B/1483